소비가 자산이 되는 경제구조

돌려드립니다

이현희 지음

개미와베짱이

_____ 님께

새로운 기회, 지금 시작하세요

_____ 가 드립니다

연락처 : _____

저자 소개

이현희

목회신학대학원 졸업, 부산대학교 환경대학원 수료.
현재)㈜나눔과기쁨 대표/회장
현재)(사단법인)나눔과기쁨 공동대표.
현재)(재단법인)영남가나안농군학교 설립자, 대표.
현재)(재단법인)가나안선교문화원 이사장.
현재)(사단법인)세진회 부산지회 이사장.
현재)(재단법인)21세기포럼 문화재단 이사.
현재)(사단법인)하이페밀리(가정사역) 이사.
현재)(사단법인)한국 경영인 협회 부회장.
현재)(사단법인)전국유통경영자협의회 고문.
현재)씨뿌리는마음 이사장. 홍삼고려원 회장.
현재)가나안선교문화원 목사.

소비가 자산이 되는 경제구조

돌려드립니다

1판 1쇄 인쇄 | 2013년 03월 05일
1판 1쇄 발행 | 2013년 03월 11일

지은이 | 이현희
발행인 | 이용길
발행처 | 개미와베짱이

관리 | 정 윤
디자인 | 이룸

출판등록번호 | 제396-2004-000095호
등록일자 | 2004. 11. 09
등록된 곳 | 경기도 고양시 일산동구 호수로(백석동) 358-25 동문타워 2차 519호
대표전화 | 0505-627-9784
팩스 | 031-902-5236
홈페이지 | http://www.moabooks.com
이메일 | moabooks@hanmail.net
ISBN | 978-89-92509- 22 - 0 03320

개미와베짱이 는 독자 여러분의 다양한 원고를 기다리고 있습니다.
(보내실 곳 : moabooks@hanmail.net)

나는 가나안농군학교에서 교육을 받으며 많은 것을 깨달았다. 서른 즈음, 앞을 향해서만 달려가던 나는 이곳에서의 경험으로 큰 변화를 겪었다.

근로 · 봉사 · 희생의 그리스도 정신을 바탕으로 소양을 닦으며 민족정신을 함양하도록 가르쳤던 (고) 김용기 장로는 나누는 삶이란 어떤 것인지 나에게 머리를 치는 깨달음을 주었다.

지금까지 나는 다양한 사업과 사람들을 일깨워 그리스도처럼 사람답게 살게 하는 가나안 복민운동을 실천하고자 밀양에 가나안농군학교를 설립하여 이끌어가고 있으며, 가나안선교문화원과 양산에스라성서원을 세워 더하지도 않고 빼지도 않고 성경을 가르치는 목회자로

살아오고 있다. 그 길에서 나를 이끈 것은 꿈과 열정이었다. 나는 꿈과 열정이라는 단어를 좋아하고, 그러한 삶을 살 때 나눌 수 있다고 생각한다. 이는 나눔을 실천하기 위한 나의 삶의 방법이다.

나는 직원들과 동거동락하며 그들과 함께하는 삶, 나눔을 실천하는 자세에 대해 몸으로 체득하고 그것을 내 인생의 궁극적인 목표로 삼았다.

자기 자신을 위한 이익창출이 아닌, 경제활동을 통해 더 많은 사람을 돕고 사역하는 삶을 실천하는 것이 나의 인생 2막이기 때문이다.

지금은 온 나라의 많은 이들이 경제적인 어려움을 겪고 있으며, 각자가 외로운 싸움을 하고 있다. 그래서 그들이 착한 소비를 통해 삶의 기반을 튼튼히 하고, 그 것이 더 많은 사람과의 나눔으로 넓혀지기를 바라는 마음으로 이 책을 시작한다.

제목에 붙여 왜 '돌려드립니다' 인가!

많은 사람들이 경제생활에 큰 압박을 받고 있다. 퇴

직한 사람들의 재취업률이 높아지는 것을 보면, 이제 사회는 죽을 때까지 일을 놓을 수 없는 사회가 된 듯하다.

꼭 일이 아니더라도 사람들은 평생을 사회에 기여하고 거기서 삶의 보람을 찾고 싶어 한다. 누구나 제2의 인생을 준비해야 하는 때가 오는 법이다. 퇴직한 60대 가장이나 아이들을 다 키운 중년의 주부나 자신이 가진 달란트가 사회에서 요긴하게 쓰이기를 바란다. 그것이 바로 삶의 보람이기 때문이다.

인생의 1막이 자기와 가족을 위한 치열한 삶이었다면 인생의 2막은 사회에 환원하는 나눔의 삶이 되어야 할 것이다.

나는 이 책에서 착한 소비 공동체를 소개하려 한다. 이는 소비자와 생산자가 서로 윈윈하는 것이며, 개인들에게는 안정성이 뛰어난 소비 모델이 되어주기도 한다.

착한 소비 공동체는 소비자에게 이익을 돌려주는 것을 목표로 한다. 제조와 유통업에서 오랫동안 뼈가 굵은 나는 소비자와 생산자에게 모두 합리적인 착한 소비의 가능성을 의심치 않는다.

소비생활은 우리의 경제생활에서 큰 비중을 차지하

는 중요한 부분인데, 문제는 많은 사람들이 소비를 뒷받
침해줄 안정적인 소득원을 상실하고 있다는 것이다.

사람의 생활은 하루도 돈이 없이는 굴러가지 않는
다. 얼마나 많은 돈을 쓰고 소비생활을 유지하고 있는지
잘 실감하지 못하지만, 우리는 매일매일 쓰이는 생활필
수품을 사는 데 자기 수입의 70퍼센트를 사용하고 있다.

그 소비에서 많은 몫은 다시 소비자에게 돌아가야
하는 것이다.

모든 것이 네트워크 시스템 구조로 이루어지고 있는
지금, 그것은 불가능한 일이 아니다.

똑똑한 소비자들은 협동조합을 만들어 생산에 적극
적으로 참여하고 있으며, 더 이상 기업의 광고에 의존하
여 소비활동을 하지 않는 시대가 되었다. 이미 그 가능
성은 여기저기서 눈에 띄고 있다.

이젠 착한 소비를 해야 한다

물건의 가격에서 생산비용을 뺀 나머지는 누구에게
돌아갈까? 일반 기업에서 그것은 기업인의 이익으로 돌

아간다. 또는 주주들이 배당금을 받기도 한다. 소수의 경영인과 대주주가 가장 큰 이득을 가져가고 있다.

이런 기업에서는 소비자의 목소리를 경영에 반영하기도 쉽지 않다. 일반 기업은 소수의 경영인과 주주에 의한, 그들을 위한, 그들만의 것인 것이다. 여기에 소비자가 참여할 여지는 없다.

그러나 이제 이러한 생산자와 소비자의 관계에 변화가 일어나고 있다. 생산자와 소비자의 역할 경계가 점점 희미해지고 있는 것이다. 즉 소비자가 생산자의 역할을 넘보고 있다는 뜻이다.

이러한 움직임은 일부 기업들에 소비자 목소리를 반영, 아이덴슈머 마케팅 등으로 실현되고 있으나 이것은 진정한 소비 공동체라고 할 수는 없다. 고객의 목소리를 적극적으로 반영할 뿐, '기업의 이익은 기업으로'가 분명히 지켜지고 있기 때문이다.

그렇다면 내가 말하는 소비자 공동체란 무엇인가?

그것은 그야말로 소비자가 주인이 되는 것을 말한다. 소비자에게 이익이 돌아감은 물론, 무점포 대리점을 운영하는 이들이 정당한 이익을 가져가는 것을 말한다.

소비만으로도 이익을 돌려받을 수 있고, 리스크 없는 사업을 꿈꾸는 이들에게 그 발판을 마련해주는 것이다.

이러한 움직임은 전 세계적인 현상이며 국내에서 이미 그 성과가 입증되고 있다. 소비자들은 쇼핑몰을 통해 자신이 원하는 제품을 거품을 뺀 가격으로 구입하고, 그 안에서 사회적인 교류가 이루어지며 이들은 공동체 또는 사회단체의 역할은 물론, 소비자와 생산자를 보호하는 역할까지 하고 있다.

이 책을 쓴 이유는 여기에 있다

나는 '나눔'의 가치관을 실현할 수 있는 착한 소비 공동 회원제를 꿈꾸고 있다. 하나의 공동체가 형성되어 그 안에서 지속 가능한 사회를 위한 소비가 이루어지고, 공동체정신을 실현하며, 더 나은 사회를 만들기 위한 목소리를 내는 것이 바로 내가 말하는 착한 소비 공동체의 역할이다.

이 책은 이에 대한 필요성을 말하고, 그것에 대한 대략적인 설명을 하기 위해 쓰여진 가이드이다.

그리고 이 소비 공동체는 철저히 소비자의 이익을 목적으로 하고 있다는 데 차별성이 있다. 기업이란 그 목적과 이익의 방향성에 의해 그 정체성이 결정되는 법이다. 아울러 공동 회원제 시스템은 가장 질 좋은 제품을 착한 가격에 소비하면서도 남은 이익은 나누는 데 의의가 있다.

이 책을 통해 소비에 대한 독자들의 인식을 바꾸고, 아직 사람들에게 생소한 소비 공동체에 대한 이해를 돕고, 더불어 내가 추구하는 소비 공동체의 차별성을 알리고자 한다.

이러한 새로운 소비 형태의 정착이 경제적 위기에 몰린 사람들과 경제적 자유를 희망하는 이들에게 새로운 희망의 끈이 되기를 바라는 마음이다.

이 현 희

CONTENTS

들어가는 글_7

1장 되살아나는 위기의 경제 해법은 있는가?

외환위기 이후 대한민국 자화상 _ 18

월급만 빼고 몽땅 올랐어요 _ 21

중산층의 몰락 _ 26

빚의 노예로 전락한 가계 _ 30

고용 없는 성장의 시대는 시작되었다 _ 35

2장 이젠 돈을 위해 일하지 마라

자산의 증가, 과연 가능한가? _ 42

수입에 맞춰 살지 마라 _ 46

이젠 소비 패턴을 바꿔야 한다 _ 53

왜 소비 패턴을 바꿔야 하는가? _ 57

3장 돈 버는 법보다 더 중요한 착한 소비의 비결

지금은 소비하면서 돈을 버는 시대다 _ 66

누구에게 살까? _ 71

캐시백으로 부자가 될 수 있다 _ 77

씨 뿌리는 마음으로 함께할 수 있습니다 _ 81

회원제 백화점으로 당신의 미래를 설계할 수

있습니다 _ 85

부록: 궁금한 내용 알아보기 Q&A_87

맺음말_91

1장

되살아나는 위기의 경제 해법은 있는가?

외환위기 이후 대한민국 자화상

외환위기를 극복한 우리나라는 지금 또 한 번의 위기를 겪고 있다. 98년에는 기업과 공장이 줄줄이 문을 닫았다. 그 당시에 필자도 큰 어려움을 겪었지만 결국 이겨낼 수 있었는데, 거기에는 함께하는 직원들이 있었다.

그때 당시 개인사업자들이 피부로 느끼던 위기감을 이제는 온 국민들이 느끼고 있는 것 같다. 경제 한파는 경제 일선에 있는 사람들은 물론, 이제 평범한 직장인과 학생들 그리고 주부들에게까지 그 영향을 미치고 있다.

학생들은 높아진 실업률 때문에 학교를 졸업하기가 무섭고, 주부들은 하루가 다르게 치솟는 물가로 장보기가 두렵다고 한다. 위태로운 직장생활을 하고 있는 많은 가장들이 느끼는 불안감은 말할 것도 없다.

우리나라는 외환위기를 성공적으로 극복했다는 찬사를 받았고, 뼈아픈 구조조정을 통해 효율적이고 능률적인 경제 환경을 구축했다. 그러나 안정적인 직장을 기반으로 대출을 받아 집을 사고, 소비규모를 늘려온 많은 사람들이 새로운 경제 환경에 적응하기는 어려웠다.

부동산 가격이 떨어지고 비정규직 등 불안정한 일자리가 늘어나는 등 외환위기 이전과는 경제 환경이 180도 달라진 것이다. 이전에는 자산으로 여겨졌던 집이 부동산 경기가 침체되며 빚이 되어버리고, 정년이 보장되었던 직장이 흔들려 많은 가장들이 하루아침에 실업자가 되었다.

물가는 계속 올라가 중산층은 소비활동을 유지하기 어렵게 되었고, 이에 사람들은 질 높은 상품과 저렴한 가격으로 각 가정에 필요한 물품들을 구입하는 길을 모색하게 되었는데, 다양해진 소비 형태의 등장이 그 예이다.

백화점이나 일반 매장에서 물건을 구입하기보다는 홈쇼핑과 인터넷 쇼핑으로 보다 저렴한 가격에 구입하려는 소비자들이 늘어났고, 그에 발맞춰 많은 관련 업체가 등장했다.

그런데 여전히 우리 경제는 어려운 상황이다. 안정적인 수입원이 없는 이상 소비를 줄이는 것만으로는 가계 경제를 유지하기가 어렵다.

이 장에서는 외환위기 후 각 가정이 당면한 문제들이 무엇인지 하나하나 짚어보고자 한다.

월급만 빼고 몽땅 올랐어요

봉급생활자들 중에서는 "국가경제는 잘나가고 세금도 꼬박꼬박 내는데 정작 내 임금이나 생활수준은 그대로"라는 불만이 끊이지 않는다.

경제성장의 낙수(落水) 효과가 자신에게 오지 않는다는 것이다.

초등학교 교사인 32세 김모씨는 이렇게 푸념한다.

"대기업은 사상 최대 이익을 냈다고 하고, 국가신용등급도 계속 오른다는데 나는 정작 전셋집 하나 마련하는 데도 허덕이고 있다." (동아일보 2013. 1. 15)

겨우 일자리를 놓치지 않고 버틴 사람들도 점점 치솟는 물가로 생활을 유지하기 어렵다고 하소연한다.

각 언론들은 가계 소비 중 식료품이 차지하는 비율

인 엥겔지수가 역대 최고치라는 뉴스를 연일 새롭게 보
도하고 있다.

2011. 3. 31. MBN 뉴스 ……

"저소득층 엥겔지수 5년 만에 최고"

2011. 11. 20. 머니투데이 ……

"엥겔계수 7년 만에 최고치라는데… '장보기 겁나요'"

2012. 11. 21. 경인일보 ……

"가계살림 식비 부담 11년 만에 최고"

2012. 12. 17. SBS CNBC ……

"식비만 늘었다…불황에 소비구조 '후진국형'으로 가나"

2013. 1. 15. 국민일보 ……

"치솟는 식탁물가…엥겔지수 9년來 최고"

주부들 사이에서 장보기가 무섭다는 말은 이미 일상
이 되어버렸다.

물가는 오르는데 취업은 어렵고, 비정규직이나 자영
업 등 불안정한 일자리만 늘어나는 상황인 것이다.

월급이 보장되면 사람들은 허리띠를 졸라매며 물가

상승에 대처한다. 그러나 뛰는 물가만큼 월급이 오르기는커녕 일자리마저 불안정하니 결국 빈곤층으로 추락할 수밖에 없다.

현대경제연구원의 조사에 따르면 국민 절반 이상이 스스로를 저소득층으로 느끼고 있고, 통계청이 발표하는 평균소비성향은 74.1%로 2003년 통계 작성을 시작한 이후 사상 최저치를 기록했다(평균소비성향은 처분가능소득 대비 소비지출로, 이 수치가 낮을수록 소비자들이 주머니를 닫고 있다는 의미다).

조사에 의하면 직장인 10명 중 7명은 월급을 받아도 매월 적자라고 한다(동아일보 2013. 1. 18). 적자라고 답한 483명 중 기혼자에게 그 이유를 물으니 '급여가 너무 낮아서(30.2%)'와 '급여에 비해 물가가 너무 비싸서(30.2%)'가 같은 비율로 나타났고, 다음으로 '집 대출금 및 부채가 상당해서(18.1%)'를 꼽은 응답자가 뒤를 이었다.

이제는 보릿고개 대신 '월급고개'라는 말이 생길 정

도로, 사람들은 올라가는 물가를 견뎌낼 수 있는 한계를 넘어서고 있는 듯 보인다.

직장인 월급고개, "월급 받자마자 한 달 이내 소진"
적은 월급에 물가는 계속 올라

직장인 10명 중 6명이 다음 월급 전 경제적 어려움을 느끼는 '월급고개'를 겪는 것으로 알려졌다.

온라인 취업포털 사람인이 직장인 488명을 대상으로 "월급을 한 달 이내에 소진해 월급고개를 겪고 있습니까?" 라는 설문조사를 진행한 결과, 무려 64.3%가 "겪고 있다" 고 답했다.

이는 4년 전인 2008년 금융위기 시절(64.1%)과 비슷한 수준으로 2년 전 조사 때(46.9%)보다 무려 17.4%나 증가한 수치이다.

특히 이들은 한 달 월급을 전부 써버리는 데 평균 16일이 걸리는 것으로 집계됐으며 구체적으로 '20~22일 (19.4%)', '7일 이하(16.6%)', '17~19일(15.3%)', '8~10일(12.4%)', '14~16일(11.8%)' 등의 순으로 나타났다.

또한 월급고개를 겪는 이유에 대해서는 '월급이 적어서(50%)' '물가가 올라서(37.6%)' 빚이 많아서(35.4%)' '무계획적인 소비탓(22.6%)' '불규칙한 경조사비 등 지출(21%)' 순으로 답했고 월급을 다 쓴 후 해결방법에 대해서는 '신용카드 사용(60.2%)' '비상금 사용(22.6%)' '현금서비스 이용(12.4%)' '부모님께 손벌림(10.8%)' '주위에 신세 짐(9.2%)' 순으로 나타났다.

월급고개를 겪는 직장인의 91.7%는 이를 막기 위해 노력하고 있었으며, 그 방법으로 '신용카드 사용을 줄인다(44.4%, 복수응답)'를 첫 번째로 꼽았다. 다음으로 '쇼핑 등 품위유지비를 줄인다(36.5%)' '가계부를 쓴다(27.1%)' '데이트, 동호회 등 모임을 줄인다(23.3%)' '영화 등 문화생활비를 줄인다(21.9%)' '대중교통을 이용한다(20.1%)' 등이 있었다. (뉴스웨이브 2012. 8. 27)

중산층의 몰락

경제 환경이 변화하며 부익부빈익빈 현상이 극대화되었다. 많은 이들이 중산층으로 진입할 수 있었던 길이 차단되면서 저소득층으로 떨어지는 사람들이 늘어났다.

일부는 고소득층으로 편입되기도 했다. 그러나 대다수는 봉급이나 소규모 자영업에 의존하여 소득을 얻고, 부동산을 이용해 자산을 쌓았던 이들이었다. 그들은 일자리가 불안정하거나 사업 환경이 좋지 않게 되자 곧 기반이 흔들리고 말았다. 그리하여 중산층에서 저소득층으로 떨어지는 사람들이 속속 생겨났다.

중산층은 한 사회에서 허리의 역할을 하는 계층으로, 이들이 안정적인 생활을 영위해야만 사회는 전체적으로 안정감을 얻는다. 중산층의 몰락은 사회의 위기를 가져

오는 요인이 될 수 있다고 여러 전문가들은 지적한다.

중산층의 비율이 높고, 그들이 어느 정도의 생활을 유지할 수 있을 때 소비가 활성화되고 경제는 성장을 모색할 수 있다. 안정적인 환경에서 다음 세대의 인력이 키워지는 것은 물론이고, 저소득 계층에 대한 복지 문제에도 주의를 기울일 힘이 생긴다.

사회의 다수를 차지해야 할 중산층이 무너지면 사회에 불안 요소가 늘어나고, 하위 계층으로 떨어진 사람들의 분노는 타인을 향한다. 이런 사회는 경제적으로나 사회적으로나 불안한 사회일 수밖에 없다.

몇 년 전까지만 해도 우리나라 사람들은 중산층에 들지 못하는 이들까지도 자신이 중산층이라고 생각하는 경향이 강했다. 이는 그들이 통계상 중산층에 들지 못한다 하더라도 자신의 생활에 만족하고 있었으며, 희망이 있었다는 뜻이다.

그러나 지금은 자신을 빈곤하다고 여기는 사람들이 눈에 띄게 늘었다. 아직 먹고 살 만한 이들도 자신을 빈곤층이라고 말하는 데 주저함이 없다.

소유하고 있는 부동산의 가치가 하락하고, 소득은 불안한데 물가는 올라가며, 게다가 사회복지는 점점 줄어든다는 위기감 때문이다.

실제로 중산층 비중은 외환위기 전 74.1%였던 것이 2011년에는 67.7%로 줄어들었다. 이는 2인 가구 이상을 대상으로 조사한 것으로, 만약 여기에 1인 가구 및 혼자 사는 노인층의 경제적 추락까지 고려한다면 그 수치는 더욱 심각할 것이다.

한국의 중산층 비율은 OECD 21개 회원국 중 18위로 최하위권이다.

그렇다면 중산층 붕괴의 이유는 무엇일까?

전북대학교 설동훈 교수는 이렇게 말한다.

"중산층이 붕괴한 까닭은 국민의 경제적 안정성이 크게 흔들렸기 때문이다. 경제위기가 일상화되면서 평생직장 개념이 사라졌고, 비정규직이라는 생경한 용어가 우리의 삶에 비집고 들어왔다."

과거에는 일반적으로 취업과 결혼 후 대출을 받아

집을 사고, 월급으로 대출을 갚아나가는 방법으로 자산을 모았다. 부동산 가격이 올라주니 열심히 돈을 벌면 일정 수준의 생활과 자산 가치의 상승이 자연스럽게 이루어졌다.

그러나 지금은 그렇게 집을 산 많은 사람들이 하우스푸어로 전락하고, 그나마 취업도 어려워 미래를 대비하기는커녕 한달 한달의 삶이 급급해졌다.

1997년 외환위기 이후 조기퇴직이 일상화됐지만 그에 걸맞은 개인의 노후대책이나 국가 차원의 사회복지 안전망은 충분치 않다. 이런 상황에서 실업하거나 병에 걸리는 등의 위기가 찾아오면 곧바로 빈곤층으로 추락하고 마는 것이다.

빚의 노예로 전락한 가계

현재 가계부채도 심각한 수준이다.

주위를 둘러보아도 빚 없는 집을 찾아보기 어렵다.

집 하나라도 가진 사람들은 좀 나은가 싶지만, 십중 팔구 대출금에 허덕이고 있다. 대출 원금을 갚기는커녕 매달 높은 이자를 지불하며, 퇴직하고 난 후에는 그것마저 은행에 저당 잡히고 다달이 생활비를 얻어 써야 할 판이다.

결국 종잣돈을 모아 집을 사고 그 대출을 갚다가 나이가 들면 다시 은행에 그 집을 내주고 떠나는 셈이다. 빈손으로 와서 빈손으로 떠나는 것이 인생이라지만, 평생 빚을 갚으며 살다 가는 사람이 태반이니 서민들은 자기 인생이 억울하다고 하소연할 수밖에 없다.

그렇다면 각 가계의 부채 수준이 어느 정도인지 살펴보자.

현재 우리나라의 전체 가계부채는 사상 최대치인 1천조 원을 기록했다.

> 정부의 가계부채 대책에도 불구하고 가계부채가 1000조 원에 육박하는 시대가 현실화됐다. 한국은행에 따르면 올 2분기 가계신용 잔액은 922조 원으로 역대 최대치를 기록했다. 통계에 집계되지 않은 자영업자를 포함할 경우 가계부채는 1000조 원을 넘어설 것으로 추정된다.
>
> (디지털타임스 2012. 12. 30)

2013년, 국내 경제 전문가 30명은 앞으로 우리 경제의 가장 큰 위험요인으로 가계부채(24명)를 꼽았다. 이는 2012년 조사 때에도 마찬가지였다. 다음으로 '고용불안'(10명), '양극화'(9명), '저성장'(8명), '집값 불안'(6명), '기업투자 부진'(3명)이 뒤를 이었다.

[우리 경제의 위험요인 전문가 설문]

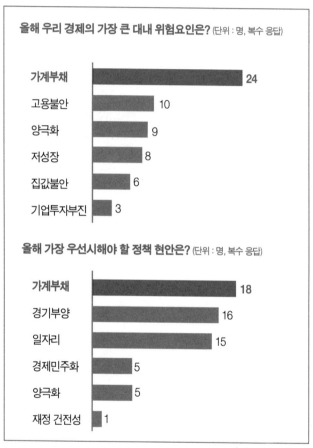

올해 우리 경제의 가장 큰 대내 위험요인은? (단위 : 명, 복수 응답)

가계부채	24
고용불안	10
양극화	9
저성장	8
집값불안	6
기업투자부진	3

올해 가장 우선시해야 할 정책 현안은? (단위 : 명, 복수 응답)

가계부채	18
경기부양	16
일자리	15
경제민주화	5
양극화	5
재정 건전성	1

(출처: 한겨레 2013. 1. 6)

2013년 새해 벽두에 매일경제에 보도된 다음 기사는 그 심각성을 더욱 환기시킨다.

게다가 서민층은 담보와 소득 부족으로 제1금융을 이용하기도 쉽지 않다. 오랜 부채로 신용 등급이 떨어져 은행에서는 대출 자체가 어려워진 경우도 많다.

현재 은행권은 신용평가사의 신용등급 6등급 이상에게만 대출을 해주고 있다. 이들은 자연히 제3금융으로 밀려날 수밖에 없다. 높은 이자로 인해 빚은 점점 늘어나고 헤어날 수 없는 수렁에 빠지고 마는 것이다.

현재 서민금융 지원 대상자는 저신용자(신용등급 7등급 이하) 약 660만 명, 생계형 자영업자 약 170만 명과 함께 잠재적 수요자라고 할 수 있는 하우스푸어가 약 108만 가구 374만 명에 이르고 있다.

어림잡아 약 1000만 명에 육박하는 것이다.

2013년 1월, 한국은행은 국내 16개 은행 여신 책임자를 면담해 '금융기관 대출행태 조사 결과'를 발표했다.

이에 따르면 2013년 1분기 가계의 신용위험지수는 34포인트로 나타났다. 전달인 2012년 12월보다 3포인트 높아진 것이다.

이는 2003년 카드 사태 이후 가장 높은 수치다. 금융위기 기간에도 이 수치는 25포인트에 불과했다.

한국은행 관계자는 경기부진 등의 영향으로 다중채무자 등 취약계층이 채무상환능력을 상실한 것으로 분석했다.

설상가상으로 신용위험도가 저하하면 은행은 대출에 더 소극적이 될 수밖에 없다. 그렇게 되면 가계 경제는 악순환으로 치달을 수밖에 없는 것이다.

고용 없는 성장의 시대는 시작되었다

외환 보유고와 대기업의 실적은 사상 최대치인데 실업률과 가계부채는 최악으로 치닫는 상황. 게다가 취업을 한다 해도 비정규직 등 고용의 질은 나빠져만 가고 있다.

매출은 늘어도 고용을 최대한 억제하고, 인건비가 낮은 해외로 투자를 돌리는 현 상황은 우리나라에 고용 없는 성장이 진행되고 있음을 말해준다. 고용 없는 성장은 중산층과 서민들이 소득을 올릴 기회를 줄여 양극화를 심화시킨다.

과거에는 성장이 곧 고용률 증가로 이어졌고, 그것이 가계의 소득 증가로 연결되었다. 경제의 낙수 현상이다.

하지만 사회 기반산업은 이미 포화 상태에 이르렀고 앞으로의 유망 분야는 고용률 증가에 큰 도움이 되지 않는다. 게다가 그런 산업마저 해외로 이전하는 추세다.

대선을 거치며 우리는 또다시 성장이냐, 분배냐의 논쟁으로 뜨거웠다.

복지 예산을 확대하는 것만이 분배는 아니다. 중산층과 서민들에게 실질적인 분배는 질 높은 일자리가 골고루 돌아가고, 중소기업 및 자영업자가 활동할 수 있는 환경을 의미한다.

서민경제를 살리겠다고 공언한 차기 정부가 서민경제 회복을 위해 '따뜻한 성장'을 새 기조로 삼고 있지만, 경기침체가 장기화될 것으로 예상되는 지금 이것이 과연 '고용 있는 성장'이 될 수 있을지 귀추가 주목된다.

그러나 미래는 그리 장밋빛이 아니다. 그 고통은 중산층의 중추에 있는 베이비부머 세대와 그 전후 세대인 40대 후반부터 60대 초반에게는 더욱 직접적이다.

베이비부머 세대는 그 수가 712만여 명에 달한다. 이들 중 2015년까지 53만 명이 은퇴하고 2016년부터 2020년까지 약 98만 명이 노동시장에서 퇴출될 전망이다.

이들은 한번 실직하면 재취업이 쉽지 않다. 창업을 시도한다 해도 성공 확률은 매우 낮다.

많은 이들이 부모를 경제적으로 부양하고 있지만, 자녀로부터 부양을 기대하기는 어렵다. 오히려 캥거루족 자녀들을 부양해야 하는 입장이다.

열심히 일하고 은퇴 후에는 풍족하게 인생을 즐기겠다는 것은 이미 옛말이 되어버린 지 오래다. 이제 평생 수입을 위해 일해야 하는 시대가 되어버렸다. 우리가 품었던 미래의 자화상은 멀어지고 있는 것이다.

이제 불패 신화는 끝났다. 성장과 수입 증가로 경제 문제를 해결할 수 있는 시대는 끝난 것이다.

그렇다면 이제 어디서 희망을 찾아야 할까?

열정 하나로 뛰어왔지만, IMF 때 처음으로 좌절했다

IMF 때 국내 많은 기업이 어려움을 겪었지만, 나 또한 처음으로 좌절감을 느꼈다. 이십대부터 현장에서 뛰어오며 나는 맨손으로 창업하고 전국적인 판매 조직을 구축했다. 영업이 무엇인지도 모르는 젊은이들을 가르치며 뿌듯함을 느꼈고, 공장에서 동거동락한 직원들의 어려운 생활을 보며 그들에게 힘이 되어주고 싶었다. 그러나 1997년 겨울, 외환위기가 터지며 나는 처음으로 자신감을 잃었다. 나누며 노력하는 것만으로는 안 되는 것이 있다고 느꼈고, 그동안 힘겹게 이뤄온 모든 것들이 한꺼번에 무너지고 있었다. 이때 직원들이 나에게 말했다.

"회장님, 우리는 할 수 있습니다. 우리는 결코 무너지지 않을 것입니다. 회장님은 평생을 밖에서 뛰면서 우리를 이끄셨는데 죽을 수 없지 않습니까? 이제 우리가 뛰겠습니다. 회장님이 늘 그러셨듯이 우리는 오뚝이처럼 반드시 이겨내고 일어서겠습니다.”

퇴직금을 내려놓고 보너스를 없애며 자기 자신들이 주인이 되어 변화해갔던 것이다.

눈물이 핑 돌았다. 그들을 위해서라도 다시 한 번 일어나야겠다고 다짐했다. 나는 회장이라는 권위를 벗어던지고 다시 영업사원이 되어 현장에서 뛰었고, TV홈쇼핑에 출연하여 직접 상품을 홍보하였다. 이제 그런 위기를 모두 극복하고, 직원들에게 공장을 경영하도록 한지도 제법 세월이 흘렀다.

나 혼자만의 힘으로 되는 것은 아무것도 없음을 절실히 깨달은 나는 지금도 나눔을 실천하는 사업만이 '사람을 살리는 사업'이라는 생각에 변함이 없다.

2장

이젠 돈을 위해 일하지 마라

자산의 증가, 과연 가능한가?

직장인의 70%가 월급고개를 겪는다고 말했다.

그 어려움을 해결하기 위해 첫째, 신용카드 사용을 줄이고(44.4%) 쇼핑 등 품위유지비를 줄이고(36.5%) 대중교통을 이용한다(20.1%)고 한다.

직장인들은 더 절약하고, 더 많은 시간 일을 한다. 많은 직장인들이 투잡을 당연시한다고 하더니 이제는 쓰리잡(3job)까지 불사한다.

일반인들에게 수입의 증가란 더 많은 시간을, 더 효과적으로 일하는 것, 즉 노동의 증가를 말하기 때문이다.

오랜 교육의 힘으로, 노동의 양과 노동 효율성의 증가를 부를 이루는 수단으로 여기는 믿음은 뿌리 깊다.

좀 더 도전적인 사람들은 자신만의 사업을 꿈꾸기도

한다. 공무원이나 대기업을 퇴직한 사람들이 퇴직금을 몽땅 사업에 쏟아 붓는 경우도 많다. 그러나 지금 개인 사업자들의 현실도 그리 만만치 않다.

대다수의 사람들이 자신만은 아직 괜찮다고 여기기도 한다. 조금만 더 노력하면 살 만할 거라는 희망을 품는다.

물론 노력은 매우 가치 있는 것이다. 문제는 우리가 할 수 있는 노력으로 극복하기 어려운 현실이 있다는 것이다.

현실은 바로 우리의 통장에 찍힌 숫자가 말해주고 있다.

잔고가 많고 적음으로 우리의 노력을 평가하려는 것이 아니다. 그보다, 그 안에 찍힌 입금과 출금의 숫자를 한번 보자는 것이다. 건강보험, 각종 공과금, 대출이자, 식품과 생필품에 지불한 비용, 통신요금 등…….

지출의 속도를 수입이 따라가지 못하고 있지 않은가?

수입이 늘어나는 속도는 지출이 늘어나는 속도를 따

르지 못한다.

생각해보자.

자기 집이 아니라 하더라도 전세와 월세를 포함하여 자기 한 몸 뉘일 곳 없이 살 수 있는 사람은 없다.

먹지 않고 살 수 있는 사람도 없다.

인간관계를 맺고 있는 이상 틈틈이 경조사비도 필요하다. 명절이 되어 부모님을 찾아 갈라하면 먼저 지갑 사정부터 걱정하는 것이 지금의 평범한 사람들이다.

통신비용을 줄여보려 해도 직장을 다니든, 개인사업을 하든 휴대폰 없이는 일을 할 수조차 없는 시대가 되었다.

자녀 사교육비를 줄이는 데도 한계가 있다.

매달 높은 지출에 시달리는 많은 가장들이 문화생활은 제쳐두고라도, 건강관리마저 제대로 할 수 없다. 중년층의 위험질병 발병률은 이미 위험 수치다.

그렇다면 일정 수준의 삶의 질을 유지하기 위해서는 어느 정도의 재산이 있어야 할까?

초등생 자녀 2명을 둔 4인가구는 평균 527만859원의 생계비가 든다고 한다.

그리고 중산층의 생활수준을 유지하려면 10억 원의 자산이 필요하다고 한다.

2011년 한국보건사회연구원의 조사에 따르면, 평균 1인 자녀교육 비용은 2억7천만 원이며, 서울의 소형 아파트를 구입하는 데는 3억~5억 원이 필요하다. 게다가 정년퇴직 이후 프랜차이즈 창업을 위해서는 최소 1억 8천만 원이 있어야 하고, 평균 노후생활비로 4억8천만 원이 필요하다.

작은 아파트에서 자녀 하나를 교육시키고 노후를 준비하는 데 10억이 넘는 돈이 필요하고, 퇴직 후 작은 가게라도 열려면 여기에 2억 원의 돈이 더 필요하다는 얘기다.

그러나 2012년 3분기 근로자 평균 임금은 306만1096원이었다.

따라서 평균 수준의 봉급자가 월급을 '하나도 쓰지 않고' 모두 모으면, 27년이 걸려야 10억 원의 자금을 마련할 수 있다.

수입에 맞춰 살지 마라

생활수준을 수입에 맞추기 위해서는 도대체 무엇을
더 줄여야 하는가?

자녀교육 비용이 2억7천만 원 든다니, 우선 자녀를
많이 낳을 수 없을 것이다.

집을 사서 높은 대출을 감당할 수 없으니 전세를 살
수밖에 없고, 지난해 보았듯이 전세가가 치솟으면 월세
로 바꿀 수밖에 없다. 이렇게 되면 자녀를 안정적인 환
경에서 기른다는 꿈은 무너져버린다.

노후생활비 4억8천만 원을 마련할 수 없는 많은 이
들은 퇴직 후 안정적인 생활에 대한 기대도 버릴 수밖에
없다.

수입에 맞춰 소비를 줄인다는 것은 바로 이러한 것

이다.

사치품이나 문화생활을 줄이는 차원의 것이 아니라 자녀를 적게 낳고 마음껏 교육시키지 못한다는 뜻이다. 또 주거환경의 질을 선택하는 것이 아니라, 대출금과 월세 중 하나를 선택해야 하는 문제인 것이다.

이러한 현실은 사람들을 절망감에 휩싸이게 하였다.

우리는 돈에 속고 있다.

돈은 통장에 찍히는 숫자일 뿐이며, 작은 종잇조각에 지나지 않는다.

사람들은 입금된 돈보다 출금되는 돈이 적다면 자신이 돈을 모을 수 있을 거라는 착각에 빠져 있다. 그러나 출금되는 돈은 언제나 입금되는 돈을 초과한다. 이것이 몇몇 사람들의 문제라면 그들의 게으름이나 능력 부족을 탓할 수 있을 것이다. 그러나 대다수의 사람이 이렇다면?

그렇다면 뭔가 문제가 있는 것이 아닐까?

왜 대부분의 사람들이 열심히 돈을 버는데도 기본적인 생활을 누리는 것조차 힘든 걸까?

우리 경제는 다수의 사람들을 교묘하게 빚으로 몰아가는 구조를 가지고 있다.

정부에서는 경기가 침체되거나 가계부채가 늘어 사람들이 아우성대면 돈을 더 찍어낸다. 지금도 가계 및 기업 지원, 부동산 경기 활성화, 복지정책 확대 등을 위해 차기 정부에서 국채를 찍어내겠다는 이야기가 흘러나오고 있다. 그러나 이는 결국 납세자들이 갚아야 할 국가 빚이다.

제1차 세계대전 후 독일이 패배하자 연합국 측에서는 독일에 배상금을 요구했다. 배상금을 마련할 길이 없었던 독일은 하는 수 없이 돈을 마구 찍어 시장에 돈을 풀었다. 돈의 가치는 급격하게 폭락하여, 1921년에 0.3 마르크였던 신문 가격이 1923년에는 7천만 마르크로 치솟았다.

돈의 가치가 떨어지면 무슨 일이 벌어지는가?

당시 어떤 사람은 20년간 저축한 돈을 찾아서 쓰려고 보니 간신히 빵 한 개를 살 수 있었다고 한다. 시장을 보러 갈 때에는 돈을 마차에 가득 싣고 가야 했다는 얘기도 있다.

　이것이 바로 돈의 속임수이다. 돈 자체에는 아무런 가치가 없는 것이다. 그것이 사회에서 가치로 인정될 때 그것은 가치를 지닌다.

　우리가 언제나 수입이 지출을 따라가지 못해 허덕이는 것은, 이미 우리나라의 돈의 가치가 떨어졌다는 뜻이다. 안타깝지만 앞으로도 물가상승은 계속될 전망이다. 경제 전문가들은 매해 적어도 3% 이상 물가가 상승할 것이라고 예측하고 있다.

　게다가 예금이자가 많아야 4% 정도인 현재는 1억 원의 돈을 은행에 넣어놓는다 해도 얻을 수 있는 투자이익이 고작 400만 원에 불과하다. 게다가 현재의 투자이익인 400만 원은 10년 전과 비교하면 298만 원의 가치밖에 되지 않는다.

　많은 가계는 늘어나는 가계부채로 그나마 이러한 저축마저 불가능한 것이 지금의 현실이다.

　우리는 경제 교과서에서, 가계의 역할은 은행에 저

축하여 기업들에 투자금을 마련해주는 것이고, 기업의 역할은 은행에서 돈을 빌려 투자하고 일자리를 마련하는 것이라 들었다.

그러나 각 기업에서 투자를 축소하고 돈을 꽁꽁 싸매고 있는 지금은 그런 기본적인 역할마저 바뀌어 있는 상태다. 가계는 빚을 지고, 기업은 돈을 저축하고 있다.

가계는 생활을 유지하기 위해 빚을 얻어다 쓰고, 기업은 최소한의 유지를 위한 투자만을 하며 남은 돈을 저축해두고 있다.

게다가 이러한 상황은 앞으로도 크게 변화할 것 같지 않다. 정부에서 기업에 일자리를 늘리라고 압력을 넣는다 해도, 기업들이 현재를 투자 적기로 판단하지 않는 이상 그들은 투자를 확대하지 않을 것이다.

결국 일반인들은 일자리가 불안정하고, 자신이 가진 돈의 가치는 점점 하락하며, 불패신화로 알았던 부동산 가격마저 하락해 어디에서도 자산을 불릴 가능성이 없는 것이다. 따라서 계속하여 생활비와 교육비에 지출해야 하는 가계에서는 빚이 늘어날 수밖에 없다.

월급고개를 겪는 직장인들이 가장 먼저 고려하는 것이 신용카드 사용을 줄이는 것이라는 조사 결과를 앞에서 이야기했다. 이는 우선 수입에 맞춰 지출을 하겠다는 것이다.

물론 괜찮은 생각이다.

그러나 자산을 가진 소위 부자라고 하는 사람들은 이런 방법을 택하지 않는다. 그들은 자신이 가진 자산을 늘리고 새로운 투자처를 찾아 수입을 늘리려 한다.

수입에 지출을 맞추는 것이 아니라 지출에 수입을 맞추는 것이다.

그러나 우리는 그러한 자산을 소유하고 있는가?

지금 가지고 있는 집은 자산이 아니다. 가지고 있는 돈도 자산은 아니다. 그 가치가 이미 떨어져 자산으로서의 가치를 잃었다.

집은 그저 자신이 거주하는 최소한의 주거지일 뿐이며, 돈은 그달 그달의 지출을 위해 잠시 내 통장을 거쳐 가는 숫자일 뿐이다.

우리는 소비를 할 때, 필요한 것을 구매하겠다고 스

스로 결정한 것이기에, 최종으로 지불할 금액만을 고려할 뿐 그 세부적인 내용에는 크게 신경 쓰지 않는다. 단지 개인의 소비 규모만을 조절하려 한다.

그러나 물건의 가격 안에는 많은 비밀이 담겨 있음을 알고 있는가?

우리는 더 이상 허리띠를 졸라매고 카드 사용을 줄이는 것으로 재정 문제를 해결할 수 없는 시대를 살고 있다. 저축으로는 안정된 생활을 보장받을 수 없고, 부동산은 평생 노동을 담보 잡히고 잠시 금융회사로부터 빌려 쓰고 있는 것일 뿐 자기 자산이라고 할 수 없다.

우리는 이를 알고도 속고, 모르고도 속는 것이다.

이젠 소비 패턴을 바꿔야 한다

지금 전 세계를 휩쓸고 있는 금융위기는 앞으로 우리가 알고 있던 경제 상황과는 전혀 다른 새로운 국면으로 우리를 이끌어갈 것이다.

즉 열심히 돈을 벌어 자기가 가진 것만큼 소비하고 나머지는 저축하던 과거의 방식은 더 이상 통용될 수 없다는 것이다. 그러한 가계의 소득과 소비를 뒷받침해주는 경제구조는 이미 무너져가고 있다.

경기호황 시기에는 소비가 곧 성장으로 이어졌고, 성장이 뒷받침되면 일자리는 풍부할 수 있었다. 이때는 정부에서도 적절한 소비를 권장했다.

우리나라에서도 1997년 외환위기 이후 개인소비를 늘리고 세원을 투명화하기 위해 신용카드 이용을 권장했다.

그러나 세계적인 금융위기로 인해 장기적인 불황으로 접어들며, 개인들의 소비를 받쳐줄 안정된 일자리는 점점 사라져갔다. 든든한 자산으로 여겼던 부동산의 가치마저 하락했다.

이제 사람들은 과거와 같은 소비생활로는 현재의 삶을 유지할 수 없음을 알았다.

미래에 대한 희망이 있고 꾸준한 소득이 어느 정도 보장될 때 소비가 미덕일 수 있는 것이다.

그러나 얼마 동안 호황을 누리고 삶의 질을 높여왔던 우리는 이러한 새로운 변화를 받아들이기가 쉽지 않았다.

갑자기 들이닥친 경제 한파로 하루아침에 구조조정 당하고 개인사업에 실패하여 소득원을 잃었는데 카드 사용은 늘어나며, 우리나라는 한때 카드 대란을 겪었다. 카드값을 갚지 못하고 신용불량자가 되고 목숨을 끊는 이들까지 생겨났다.

여기에 부동산 가격의 하락까지 이어지며 대부분의

가계에서 부동산은 그대로 빚이 되고 말았다.

긍정적인 효과는 우리 경제의 거품을 빼고, 소비자들의 인식이 보다 건전한 방향으로 변화하고 있다는 것이다. 힘든 고비를 넘기며 희생된 사람들이 많았지만, 우리는 새로운 소비 형태에 눈을 뜨기 시작했다.

첫째, 부채를 만드는 과도한 소비 대신 질적으로는 향상시키며 비용을 최소화하는 효과적인 소비생활에 관심을 기울이기 시작했다. 선진국에서 이미 하이브리드 자동차에 대한 관심이 높은 것이나, 작은 규모의 주택을 선호하고, 사치품 소비보다는 문화적 경험이나 여행에 소비를 돌리는 것 등이 그 예이다.

둘째, 노령화 사회로 진입하는 동시에 평생직장 개념이 사라지면서 '은퇴 없는 평생직업'에 대한 관심이 높아졌다. 타인들과 차별화된 경쟁력을 키워 평생 소득원을 얻겠다는 것이다. 그래야만 자산에 의존하지 않고도 어느 정도의 안정적인 노후생활이 가능해지기 때문이다.

셋째, 인터넷 기반이 마련되며 개인간의 정보 교환

이 자유로워지면서 소비자가 생산자 못지않은 정보와 힘을 얻게 되었다. 소비자들은 정보 교류를 통한 똑똑한 소비로 어려워진 경제 상황을 타파하는 새로운 길을 모색하게 되었다. 유통비용을 줄인 인터넷 구매 등이 그것이다.

우리는 지난 몇 년간의 어려움을 통해 현실과 이상의 괴리를 뼈저리게 느끼며, 이제 새로운 길을 모색하고 있다. 이것은 세계적인 추세이며, 우리는 이러한 변화 속에서 새로운 기회를 찾아야만 한다.

우리의 경제 활동은 새로운 환경에 적응해 변화해야 한다. 그 변화를 깨닫고 대처하지 못하면 우리는 새로운 경제환경에서 도태되고 말 것이다.

설사 경기가 좋아진다 해도, 예전과 똑같이 회복되지는 않을 것이다.

과거의 경제 환경이 기름을 이용해 빨리 달릴 수 있는 대형차와 같은 것이었다면, 미래의 경제 환경은 적은 기름과 대체 에너지를 이용해 안정 속도로 달리는 하이브리드 자동차일 것이기 때문이다. 즉 규모보다는 합리성을 추구하는 방향으로 바뀐다는 말이다.

왜 소비 패턴을 바꿔야 하는가?

과거 산업 체제에서는 생산자와 소비자가 뚜렷이 구분되고, 소비자는 생산된 상품을 수동적으로 소비하는 존재에 불과했다. 그러나 인터넷과 정보화는 과거 소비자들을 '생산소비자'로 만들고 있다.

생산소비자란 미래학자 앨빈 토플러가 《제3의물결》에서 제시한 용어로, 생산자(producer)와 소비자(consumer)의 합성어 '프로슈머(prosumer)'를 말한다.

일반 기업들은 이들의 목소리를 제품 개발과 마케팅에 적극 반영하여, 소비자들의 입맛에 맞춘 제품을 개발하거나 마케팅 비용을 절감하기 시작했다.

소비자의 개념이 이렇게 변화하면서 유통업체에는 실로 커다란 지각변동이 일어났다.

예전에는 판매자가 생산하여 그 물건이 소비자에게 이르기까지 다음과 같은 과정을 거쳐야 했다.

생산자 → 공급자 → 도매상 → 소매상 → 소비자

70년대 이전에는 이 모든 과정을 거쳐야 골목골목의 소비자들에게 전달될 수 있었다. 이때 소비자는 각 단계의 유통비용을 모두 합한 가격으로 물건을 구매할 수밖에 없었다.

그러나 80년대 들어 상황이 조금씩 달라졌다. 공급자가 사라지며 '생산자→도매상→소매상'으로 연결된 것이다. 도매상 위주의 거래가 이루어지며 물건값은 저렴해졌고, 곳곳에 슈퍼마켓이 들어서기 시작했다.

상황이 더 진전되며 90년대 들어서는 대형 자본을 가진 대형마트가 등장하기 시작했다. 이들은 좋은 물건을 더 저렴하게 공급받아 소비자들을 만족시켰다. 이로써 중소형 거래점들의 활동은 점점 축소되었고, 유통비용은 더 내려갔다.

그리고 2000년 이후 인터넷의 발달과 함께 새로운 형태의 유통 시스템이 정착하기 시작했다. 바로 인터넷 쇼핑 및 홈쇼핑의 등장이다. 점포를 둘 필요도 없이 직거래에 가까운 가격으로 소비자들에게 물건을 공급할 수 있게 된 것이다. 또 소비자들은 마트를 찾을 필요도 없이 집에 앉아 클릭 한 번으로 경제적인 소비생활을 할 수 있게 되었다.

시대별 유통구조와 소비형태 변천

1960년대 : 5일장, 재래시장
↓
70년대 이전 : 재래시장(상점)
↓
80년대 이전 : 슈퍼마켓 시대
↓
90년대 이전 : 체인점, 마트 · 백화점 시대
↓
2000년대 : 네트워크판매 구축, 홈쇼핑 시대
↓
2010년대 : 회원제 쇼핑 시대

위 도표를 보면 2010년에 이르러서는 이보다 한 단계 더 발달한 소비 형태가 등장했는데, 바로 회원 가입을 통한 공동소비이다. 이는 회원가입을 통해 소비자 조합에 가입하여 다른 회원들과 공동으로 소비활동을 하는 것으로, 소비자가 소비를 함으로 이익의 일정 부분을 돌려받을 수 있는 구조다.

소비자는 자신들의 목소리를 기업에 전달할 수 있게 되었고, 심지어는 생산자를 선정하거나 원하는 제품의 주문제 구입의 역할을 뚜렷이 하게 되었다.

인터넷이라는 공간은 소비자에게 큰 힘을 제공하여, 소비자는 생산자로부터 주도권을 넘겨받게 되었다. 이는 기업들의 기존 생산 구조를 바꾸는 결과를 가져오기도 했다.

소비자는 언제나 정보 면에서 약자였다. 기업들은 뛰어난 정보력과 생산능력으로 마케팅하고 소비자들은 그대로 끌려갈 수밖에 없었다. 그러나 인터넷 상에 다양한 커뮤니티와 네트워크가 정보를 공유하면서 기업의 정보 독점 구조는 붕괴하였다.

소비자들은 가격이나 조건을 비교하여 얼마든지 마음에 드는 물건을 더 저렴한 가격으로 구입할 수 있게 되었다. 같은 가격에 어떤 물건을 구입할 수 있는지를 알려주는 가격 비교 사이트가 수없이 등장했으며, 인터넷 쇼핑을 이용해 유통비용을 최소화한 가격에 구입할 수 있게 된 것이다.

이렇게 현대사회는 생산자와 소비자가 각자의 역할을 나누어 가지며 보다 높은 이익을 얻기 위해 노력하고 있다. 이러한 흐름을 따라가지 못하면 생산자든 소비자든 경제 환경의 변화 속에서 영원히 약자일 수밖에 없다.

2000년 이전 사회의 강자는 자본을 가진 사람이었다면, 정보화 사회의 강자는 네트워크를 가진 사람이다. 자신만의 네트워크를 찾거나 구축함으로써 미래의 경제적 성공을 거머쥘 수 있다.

오늘날 소비자 공동체는 강력한 경제적 파워를 가지고 꾸준히 성장하고 있다. 자기 자신의 사업을 원하거나 미래 경제에 관심을 가진 사람이라면 반드시 이를 객관적인 시각으로 바라볼 필요가 있다.

나의 달란트를 어디에 쓸 것인가?

나는 삼십대 초반에 이미 사업가로서의 탄탄한 입지를 다지고 있었다. 젊음이 있는 내 앞에는 거칠 것이 없었다.

그러던 나에게 가나안농군학교를 알게 한 것은 하나님의 뜻이었으리라. 나는 어디서 와서 어떻게 살다가 어디로 갈 것인가를 깨닫게 되었고 이때부터 나는 누리는 삶에서 절약하는 삶으로, 절약하는 삶에서 나누는 삶으로 변화하기 시작했다. 왜냐하면 가나안 교육을 통해 나는 무엇을 위해 지금까지 달려온 것인가, 과연 돈과 성공만이 인생에서 추구해야 할 가치인가 하는 깊은 고뇌에 빠지면서 특유의 한다면 하는 실행 능력으로 "일하기 싫거든 먹지 말라"는 말씀을 새기며 살 수 있었기 때문이다. 이때부터 우리 집은 비상이 걸렸고, 지금은 반찬 세 가지로 맛있게 밥을 먹을 수 있는 가정으로 변신해버렸다.

나는 6공주의 아버지다. 딸들은 반찬투정을 할 때면 밥까지 빼앗아버리는 엄마의 교육 덕에 다들 훌륭하게 자라주었다.

돈을 많이 버는 것이 기업의 가치이지만, 이는 기업가의 성공은 아니다. 카네기는 "부자인 채로 죽는 것은 부끄러운 일"이라고 말했다. 함께 일하는 직원들을 바르게 일깨우며 사랑하고 나누는 것과 이익을 사회에 환원하는 것이 바로 기업가가 할 수 있는 멋있고 가치 있는 일이다. 사업할 때 돈보다 먼저 사람을 얻고자 노력할 때 인생에 더 큰 새로운 시작이 열리는 것이다.

그후로 나는 사재를 털어 밀양에 영남가나안농군학교를 세워 사람다운 지도자를 키우는 일과, 신학 공부로 5년 전 목사 안수를 받고 가나안선교문화원을 조그마하게 세워 크리스찬 리더십과와 성경을 체계적으로 가르치는 일을 해왔으며, 그리고 이제 ㈜나눔과기쁨에서 나의 달란트를 불태우려 한다. 결국 나누는 가치 있는 삶에 나의 달란트가 사용되는 것이 바로 자신의 제2막 인생을 그리는 밑그림이다.

3장

돈 버는 법보다 더 중요한
착한 소비의 비결

지금은 소비하면서 돈을 버는 시대다

세상은 변하고 있다. 그렇다면 변화하는 시대에 돈을 벌 수 있는 소비란 무엇일까?

백화점에서 침대를 하나 구매했다면 그 사람은 그 안에 들어간 목재, 스프링, 충전 재료 등을 구성하는 실질 가치를 다 합치고 침대를 만들기 위해 필요한 인건비 등의 다양한 비용과 유통비용, 세금까지 그 가격으로 인정하고 그것을 구매한 것이다.

그리고 나중에 침대를 처분할 때 들어갈 비용까지도 모두 자신이 감당하기로 결정하고 구매 행위를 하는 것이다.

이렇게 생각하면 소비란 단순한 것이 아니다.

우리는 영수증에 찍힌 최종 금액만을 생각하고 그것을 지불할 능력이 있는가를 고려한 후 소비를 결정한다.

그 안에 담긴 비용들이 과연 정당한 것인가를 소비자는 알기 어렵고, 생각하지도 않는다.

과거의 경제 환경은 생산자 위주로 돌아갔다.

생산자는 가격을 책정한다. 가격에 대한 정보를 생산자가 가지고 있기 때문에 소비자는 이에 관여할 수 없었다. 제품에 대한 정보도 생산자가 가지고 있었다. 따라서 소비자는 생산자가 제공해주는 정보를 통해 그 제품의 가치를 판단했다.

물론 생산자가 제공해야 하는 책임이 있는 정보들이 있지만, 예를 들어 보험상품 책자를 통해 그에 대한 모든 정보를 취할 수 있는 소비자는 그리 많지 않다. 결국 회사가 주로 어떤 내용을 홍보하느냐에 따라 소비자의 소비활동이 영향을 받을 수밖에 없는 것이다.

그러나 지금은 소비자가 주도하는 시대로 변화하고 있다. 소비자들은 생산자가 정해놓은 가격에 당당하게 '노'를 선언한다. 그리고 공동구매나 소비 공동체의 이용 등으로 합리적인 가격을 지불하기 위한 노력을 하고 있다.

이렇듯 소비자의 요구의 질이 높아지면서, 기존의 유통업체들도 발빠르게 움직였다. 이마트나 홈플러스 등은 자체 생산을 통해 저렴한 제품을 공급했다. 또 현금을 적립하여 돌려주겠다는 각종 캐시백 제도로 소비자를 끌어들였다.

회원제로 운영하며 고급 브랜드 제품을 싸게 공급하겠다는 유통업체도 들어섰다. 미국 기업인 코스트코가 바로 그것이다. 코스트코는 3만5천 원의 연회비를 받고 회원에게만 판매한다. 그러나 이들은 소비자들의 참여에 많은 한계가 있다.

소비자는 더 높은 이익을 위해 주로 인터넷을 이용한 소규모 공동구매에 나섰다. 이는 실제적으로 소비에 드는 금액을 크게 줄여준다.

이런 공동구매를 확대한 것이 쿠팡, 티켓몬스터, 위메프와 같은 소셜커머스이다. 이는 일정 수 이상의 구매자가 모일 경우 파격적인 할인가로 상품을 제공하는 판매 방식이다.

2008년 미국 시카고에서 설립된 온라인 할인쿠폰 업

체 그루폰이 공동구매형 소셜커머스의 비즈니스 모델을 처음 만들어 성공을 거둔 이후 본격적으로 알려지기 시작하였다. 특히 스마트폰 이용과 소셜 네트워크 서비스 이용이 대중화되면서 새로운 소비 시장으로 주목받고 있다.

소셜커머스 업체가 등록한 상품은 단위 품목당 보통 24시간 동안 판매가 이루어지고, 대개 50%에서 90%까지의 높은 할인율이 적용된다. 단 일정 수 이상이 구매해야 한다는 조건이 붙는데, 예를 들면 100명 이상이 구매할 경우 정가의 50%가 할인된다는 식이다.

그러나 이는 레스토랑, 카페, 가전제품, 식품 등 다른 사업자의 물건을 판매하는 대리자에 지나지 않는다. 소비자가 많은 이익을 얻지만, 회사의 이익을 나눠 받는 구조는 아니다.

능동적인 소비자들은 생활용품, 식품 등 일상에 필요한 수많은 재화를 끊임없이 사들이면서 동시에 그 소비 속에서 일정한 이익을 요구할 수 있는 새로운 모델을 찾아 나섰다.

우리나라 시장의 대부분은 유통망이 지나치게 거대화되어 있고, 그 안에서 지나친 불로소득을 취한다. 그러나 TV 홈쇼핑이나 인터넷 상점의 판매량이 오프라인 판매를 넘어서는 디지털 시대에, 돈이 흐르는 통로는 변화하고 있다. 유통에 드는 비용을 최소화하여 물건을 구매하려는 소비자들의 노력은 이미 일상화되었다.

소비자가 회사의 이익 금액을 배당받는 사업 모델로서 소비자 공동체는 크게 환영받고 있다. 이는 개인의 소비생활 속에서 적은 자본을 이용해 고정적이고 일정한 수익을 돌려받을 수 있다는 점에서 소비자의 역할이 가장 극대화된 형태라 할 수 있다.

누구에게 살까?

기업에 생산을 맡겨놓을 수 없었던 소비자들은 직접 생산에 관여하는 단체를 조직하기 시작했다. 한살림이나 아이쿱과 같은 생협이 그 예이다.

이러한 소비자 협동조합의 일차적인 목적은 소비자에게 정당한 가격의 물건을 판매하는 것이다. 단체의 이익은 더 좋은 물건을 생산하기 위한 자금으로 쓰인다.

이곳에서 물건을 구매하기 위해서는 회비를 지불해야 함에도 불구하고, 이들은 나날이 가입회원을 확대해가고 있다.

이는 소비자들이 원하는 '착한 소비'를 충족시켜준다는 점에서도 크게 환영받고 있다. 착한 소비란 보다 친환경적이고 인간적인 소비로 값이 조금 비싸더라도 친환경 상품 및 공정무역 상품 등 사회에 공헌할 수 있는 상품을 구매하는 것을 뜻한다.

실제로 2010년 배춧값 폭등 당시 한살림 회원들은 같은 가격에 배추를 구입할 수 있었다. 또 다음해 배춧값이 폭락하고 많은 농가에서 밭을 갈아엎어버릴 때 생협과 거래하는 농민들은 애초에 계약한 가격 그대로 배추를 팔 수 있었다.

이러한 예에서 알 수 있듯이 소비자 공동체 사업에서 가장 중요한 것은 믿을 만한 제품 생산과 착한 가격이다. 또한 유통비용을 줄임으로써 회원들에게 이익을 돌려주어야 한다.

유통비용을 획기적으로 줄인 회원제 직접판매는 소비자가 가장 싸게 물건을 구입할 수 있는 통로가 된다.

더불어 회원이 직접 판매자가 되어 자신의 물품을 유통시킬 수 있다면 소비자는 안정적인 수익을 얻을 수 있게 될 것이다.

이 같은 판매 방식은 아이덴슈머라는 신흥 부자 계층을 만들어낼 것이다.

아이덴슈머란 정체성을 뜻하는 아이덴티티(identity)와 소비자(consumer)를 결합한 신종어이다.

아이덴슈머는 똑같은 상품이나 서비스를 이용하는 사람들끼리 일종의 커뮤니티가 되어 소비활동과 이익을 동시에 얻는 집단이다. 이들은 생활 공동체로서 서로 문화를 공유하고, 만족스러운 소비활동으로 삶의 질을 높일 수 있다.

아이덴슈머는 기업의 제품에 자신의 정체성을 투영시키면서 적극적으로 제품 개발과 유통에 참여하면서 보다 능동적인 소비활동을 한다.

52년간 8곳이던 협동조합, 한달 새 136곳 생겼다

지난해 12월 법 개정… 5명 이상이면 누구나 설립

"이동통신 3사가 1만1천 원씩 받던 기본요금을 3300원으로 낮추는 상품을 만들어내는 데 성공했음을 알려드립니다."

지난 8일 오전 서울 프레스센터 19층. 인천에 기반을 둔 '전국통신소비자 협동조합' 이 "소비자의 힘으로 이동통신

기본료를 70% 낮췄다"는 내용의 기자회견을 열었다. 조합이 알뜰폰 업체(KT-MVNO) 한 곳과 협의해 어떤 휴대전화든 이 기본요금에 초당 통화요금 1.8원, 문자요금 15원인 상품을 만들었다는 내용이다.

이 알뜰폰 업체의 통신망은 KT에서 관리해준다. 통화 음질에는 차이가 없다. 그런데 조합이 이 업체와 협의해 기본요금을 원가 수준으로 낮추는 대신 통화료와 문자요금에서 조금씩 이익을 남길 수 있게 한 상품을 만든 것이다. 가입자가 많을수록 업체가 이익을 보게 되는 박리다매(薄利多賣) 구조다.

이 상품을 이용하려면 먼저 조합원이 돼야 한다는 조건이 붙어 있다. 결국 많은 조합원을 확보해 이 상품을 이용토록 함으로써 조합원이나 업체 모두 이익을 보는 구조를 만든 것이다. 지난해까지 이 조합 회원은 400여 명이었으나 20일 현재 1만8천여 명으로 불어났다고 한다. 조합은 이제 공동구매를 통한 휴대폰 싸게 사기, 초고속 인터넷 월 1만 원 정액제 상품화 등의 활동도 추진하고 있다.

협동조합을 전문화하고 키우기 위해 만든 '협동조합법' 시행령이 지난해 12월부터 시행돼 조합 설립 절차가 간단해지면서 협동조합 설립이 붐을 이루고 있다. 시행령에 따라 발기인 5명 이상이면 누구든 시·도에 신고하고 협동조합을 만들 수 있게 됐다.

기획재정부에 따르면 지난해 12월 한 달 동안만 136곳의 조합이 설립 신고를 했다. 서울시에서는 17곳이 설립 신고를 냈다. 1960년 신용협동조합을 시작으로 1961년 농협, 1962년 수협 등 52년간 특정 분야 협동조합 8개만 개별 법규에 따라 설립·운영돼왔던 점을 감안하면 엄청난 숫자다. 이 중 '지구촌 협동조합'은 이주노동자들이 중심 조합원이 되는 곳이다. 그들이 싼값으로 아침식사를 해결할 수 있는 식당을 운영하고, 인력중개소도 운영하면서 직업교육과 인력파견 사업을 벌일 계획이다.

7곳의 설립 신고가 들어온 광주광역시에서는 광산구청의 청소대행업체에서 환경미화원으로 일했던 직원 13명이 만든 '클린 광산 협동조합'이 눈에 띈다. 이들은 지난해 청소

대행업체에 노사분쟁이 일어나 이 업체가 구청과의 청소 업무 계약을 포기함에 따라 일자리를 잃게 됐다. 그 뒤 광산구청을 상대로 직접 고용을 요구했지만 잘 풀리지 않던 차에 협동조합법이 발효되자 조합을 만든 것이다. 이들은 최근 광산구청과 계약을 맺어 올해 청소 업무를 맡게 됐다.

이 밖에도 대형 아웃소싱 기업에 밀려 어려움을 겪는 중소업체들이 만든 '한국아웃소싱 협동조합' (서울), 고단백 저칼로리의 다이어트 도시락 개발을 내세운 '행복드림 인천 협동조합', 자전거 교육 프로그램 개발과 대여점·정비센터 운영 등을 목표로 하는 '자전거 세상 만들기 협동조합' (남양주) 등 다양한 협동조합이 추진되고 있다. 전국통신소비자협동조합의 이용구(46) 상임이사는 "협동조합은 조합원들이 소비자로서 권익을 지키고, 잘못된 시장 질서를 바로잡으며, 수익도 얻을 수 있는 대안" 이라고 말했다.

(조선일보 2013. 1. 21)

캐시백으로 부자가 될 수 있다

회원제 소비 공동체란

회원제 소비 공동체란 소비자들이 힘을 합해 더욱 저렴한 비용으로 물건을 구입하는 공동체를 말한다.

가장 주요한 활동은 합리적인 소비가 가능한 시스템을 구축하는 것이다.

그러기 위해서는 회원의 수도 중요하지만, 생산업체로부터 가장 합리적인 가격으로 물건을 공급받는 것도 중요하다.

이는 언뜻 보면 소셜커머스와 비슷한 듯 보이지만, 소셜커머스가 단순히 소비자를 모아 물건을 저렴하게 구입하고 생산자가 박리다매의 이익을 얻는 것이라면, 회원제 소비 공동체는 여기서 한 걸음 더 나아가 생산비용 자체를 줄이고 회원이 이익을 배당받을 수 있게 하는 것이다.

또 조직원들 사이에서 교류가 이루어지고 소속감과 공동체의식을 가질 수 있다는 점에서는 지역사회 공동체와 비슷한 역할을 한다. 소비를 목표로 만났지만, 이들은 같은 관심사를 가진 이들로 구성되기에 새로운 교류의 장이 된다. 어찌 보면 인터넷 동호회와 같은 성격을 지니는 것이다.

어떻게 운영되나요

인터넷 가상공간(www.snj21.com)에 회원들이 자유롭게 소비, 구매할 수 있는 하나의 시장을 구축하고 무점포 제도로 손쉽게 참여할 수 있다.

생협과 마찬가지로 윤리적이고 경쟁력 있고 경험 있는 공급자를 선정하여 저렴한 가격의 상품을 공급받는다. 각각의 사업자는 자신의 공간을 할당받아 자유롭게 회원을 유치할 수 있다.

그리고 회원들은 그 공간에서 자유로운 커뮤니티 활동과 소비, 구매 활동을 진행한다.

이렇게 회원들이 만든 콘텐츠는 그대로 회원과 사업자의 수익이 되는 구조이다.

나의 의견을 업체에 전달하는 것도 가능하다.

회원들은 이곳에서 자유롭게 의견을 교환한다. 그들은 상품에 대한 불평을 말할지도 모른다. 이러한 공동체의 의견은 곧바로 생산자에게 전달된다.

생산자는 이 의견을 적극 반영하지 않을 수 없다. 회원들이 곧 소비자이며 이들을 위해 물건을 생산하는 것이기 때문이다.

이로써 소비자와 생산자는 모두 만족할 만한 합의점을 찾고, 각자의 정당한 이득을 취할 수 있다.

생산자와 소비자의 간격이 좁아지면, 이는 양쪽 모두에 선한 결과를 가져온다. 어느 한쪽이 희생하는 것이 아닌, 함께 윈윈하는 것이 목적인 것이다.

시작은 누구나 할 수 있다

회원제 소비 공동체는 일단 자본이 별로 들지 않고

회비만 내면 참여할 수 있다. 따라서 리스크도 적고, 강력한 시스템이 뒷받침해주기에 정보 부족으로 어려움을 겪지 않을 수 있다. 회사와 회원 사이에 제품 정보와 수익이 공유되기 때문이다.

이들은 네트워크 안에서 정보를 제공받고 시스템 안에서 안정적인 수입을 가져갈 수 있다. 회비만 내면 경험이 없이도 시작할 수 있다는 것이다.

따라서 회원가입 시 가장 중요한 것은 그 회사가 합리적인 시스템을 갖추고 있는지를 파악하는 것이다. 또한 우수한 상품군을 확보하고 있는지를 검토하는 것도 중요하다.

씨 뿌리는 마음으로 함께할 수 있습니다

"씨앗은 미래의 결실이다."

여명이 깃든 아침 들녘에 씨앗을 뿌리는 농부의 마음으로 정성과 기술을 제품에 담겠습니다.

내가 참여한 기업은 "씨 뿌리는 마음"을 '사시'로 쓰고 있으며, 나는 함께하는 공동체원들이 이렇게 살기를 바란다. 이 사시는 어느 누구도 쓸 수 없는 '특허'를 가진 내 정신이요 철학이기도 하다.

꿈, 열정, 나눔과 함께 합니다.

많은 사람들에게 꿈이 있느냐고 물으면 대답을 회피하기도 하고 없다고 말하기도 한다. 왜냐하면 수없이 꿈을 꾸어보았지만 작심삼일, 이룰 수 없었고 꿈은 꿈일 뿐이라는 것이다. 어릴 때는 꿈이 많지만 부모님께 자기 꿈을 이야기하면 공부나 하라고 한방에 무시당하고 말았기에 그냥 주어진 대로 사는 것이지 꿈은 무슨 놈의 꿈 하는 사람이 대다수이다.

그러나 성공이란 단어 앞에는 반드시 꿈이 있어야 한다. 마찬가지로 꿈이 있으면 바퀴를 달아 움직이게 하고 열정으로 끌고 달리면 반드시 성공한다는 공식이 성립된다. 그래서 나는 꿈 이야기만 나오면 설렌다. 나는 시골 농부의 아들로 태어났다. 우리 집은 제법 큰 부농이었는데 나보다 11살 위인 형님이 계신다. 군대 가기 전에 동동구르무 공장을 하셨는데 지금 생각하니 어린 나이에 뭐 아셨겠는가? 남의 이야기를 듣고 시키는 대로 하시다가 사기를 당하신 것이다. 시골 농토야 팔아서 사업하려고 보면 아무것도 아닌 시대였으니 금세 가세가 어렵게 되고 말았다.

내가 초등학교 1학년 때인데, 아버지가 나를 데리고 5일장에 옷을 사주시러 갔다. 옷가게에서 아버지가 생각하는 금액의 옷과 내가 생각하는 옷은 달랐다. 나는 친구들에게 멋있게 보이는 옷을 선택했고 아버지는 질

기고 저렴한 쪽을 선택하셨다. 나는 내가 원하는 것을 사달라고 졸랐고 한참 지나 생각하니 아버지의 주머니에는 내가 원하는 옷을 살 돈이 모자랐던 것이다. 그때야 알아차린 나는 아버지 손을 잡고 옷가게에서 나왔고 한참을 집을 향해 걸어가는데 아버지의 흐느끼는 소리가 들렸다. 앞서 가다 뒤돌아보는 나를 덥석 끌어안은 아버지는 "미안하다, 미안하다" 하시며 "내가 어떻게 해서든 너는 제대로 공부 가르쳐 고생 안 시킬게" 하시는 게 아닌가? 나도 아버지를 부둥켜안고 조그마하게 독백처럼 "아버지, 내가 커서 돈 벌어서 아버지 돈 걱정 않게 할 거야, 두고 보세요" 하며 아버지와 나는 한참을 끌어안고 다짐하고 다짐하는 순간이 되었다. 꿈이 생긴 것이다.

이것이 동기부여가 되어 아버지는 남의 집 일까지 열심히 하셨고 나는 초등학교 4학년 때 창피를 무릅쓰고 아이스케키 장사를 시작했다. 나중에는 자신감을 얻어 "아이스케키! 얼음과자!" 하고 소리 지르며 팔아서 쌀을 사서 어려운 살림을 도왔고, 돈 번 이후로는 생활비를 돕고 결혼해서는 양쪽 생활비를 책임졌으며, 아버지 돌아가시기 전까지 경제적인 어려움을 겪게 한 일이 없었다.

그래서 꿈은 약한 자가 꾼다. 낮은 자가 꾼다. 아픔을 겪은 자가 아픈 자를 위한 꿈을 꾼다고, 나는 꿈에 대해서 강의를 할 때마다 말하곤 했다.

나는 꿈이 생기면 습관적으로 열정이 살아난다. 열정이란 미치는 것이다. 꿈을 향해 미치도록 물불 안 가리고 달려가는데, 될 때까지 하는데 안 이루어지겠는가?

꿈을 이루었다는 것은 성공했다는 것이고 성공해야 제대로 나눌 수 있지 않겠는가? 꿈을 꾸고 열정에 바퀴를 달고 뛰어 성공함으로써 멋진 나눔을 실천하는 것이 제2막의 성공 스토리이다.

회원제 백화점으로 당신의 미래를 설계할 수 있습니다

나는 이 일 "㈜나눔과기쁨"을 시작하면서 30만 명의 회원들이 생기 있게 활동하며 기뻐하는 모습을 상상한다. 왜냐하면 내가 꿈꾸는 것은 30만 명의 회원이 차면 더 받지 않는 정회원제이기 때문이다.

그리고 30만 회원이 차는 날 나는 조국에 3,000평 규모의 나눔과기쁨 회원제 백화점 12군데를 세우려고 한다. 여기에 1,500평은 매장이고 1,500평은 예식장, 미용실, 극장, 교육실, 커피숍 등 회원들이 누릴 수 있는 공간으로 쓰려고 한다.

또한 30만 명 회원이 차면 더 받지 않기 때문에, 회원들에게 많은 유익이 돌아간다면 회원권이 권리가 되어 상당 금액에 움직일 수 있다고 본다.

아울러 회원들이 공동체 의식을 가지고 누리며 살아

갈 수 있도록 교육하고 리드해주는 역할을 회사가 최선을 다하려 한다.

나는 회원들이 요람에서 무덤까지 보람과 자부심으로 살아갈 수 있도록 끊임없이 변신하고 도전하며, 회사가 회원들의 입장에서 여러 유익한 편의시설들을 만들어가도록 하려 한다.

회원 백화점이 세워지는 그날까지 나의 도전은 계속될 것이며, 기쁨과 소망을 회원들과 함께 가지고 달려가서 이루어냄으로써 우리의 삶은 밝은 태양을 만난 것처럼 용솟음 칠것이다. 그때 우리는 감사가 절로 나오는 우리만의 세상을 구축해낸 감격을 누릴 것이다.

회원제 백화점은 내가 5년 전부터 꿈꾼 일이고 이제 실현될 그날을 기대해본다.

부록 : 궁금한 내용 알아보기 Q&A

Q 회원제 소비 공동체는 어떻게 운영되나요?

A (주)나눔과기쁨에서 운영하는 소비 공동체는 회원이 되어 질 좋은 제품을 착한 가격에 구입해서 사용하고 착한 소비자가로 파는 제도로, 위치에 따라 이익을 분배하는 제도입니다.

Q 회원신청은 어떻게 하나요?

A 회원가입은 대한민국 18세 이상 국민이면 누구나 가능합니다. 회원은 신청서에 따른 가입을 통해 회비를 내면 회원이 인정됩니다. 따라서 회원은 약관을 살펴보신 후 회원 신청서에 자필서명을 하셔야만 회원자격이 이뤄집니다.

1. 회원가입 신청은 회원가입신청서를 양식에 맞게 기재하셔서 본인 신분증 사본과 함께 고객상담실 (팩스번호 : 0505-366-7676)로 보내주시면 됩니다.

(대표번호:0505-356-7676)

2. 회원가입신청서 양식은 인터넷에서 다운로드 받으실 수 있습니다. ((주)나눔과기쁨 홈페이지 〉회원신청서소개 〉가입신청서 다운로드)

3. 회원가입신청서에 반드시 기재할 사항은 성명, 주민등록번호, 주소, 전화, 통장계좌, 제출자정보, 필수 사항이며, 이 중 한 가지라도 누락되면 가입이 되지 않습니다.

Q 회원의 효력은 언제부터 발생하나요?

A 회원이 신청서를 작성하신 후 회원신청서와 가입비를 납부하셔야 회원의 효력이 발생합니다.

Q 어떻게 구매하나요?

A 구매는 충동구매 및 변칙 판매 근절을 위해 이용방법 및 관련 약관들을 통해 안내받으신 후 회원신청서

에 자필서명을 하셔야 회원으로서 구매하실 수 있습니다. 따라서 구매를 위해서는 신청 방법이 두 가지가 있습니다.

1. 홈페이지를 이용한 방법: 본사 홈페이지의 "구매신청" 배너를 클릭하시거나 고객센터의 "전화상담신청" 페이지에 연락처를 남기시면 됩니다.
2. 전화를 이용한 방법: 본사 상담센터로 전화를 하시어 FAX로 신청을 하시면 됩니다.

Q 제품은 믿을 수 있나요?

A (주)나눔과기쁨은 가장 안정적인 최상의 물품을 공급합니다. 회원에게 물품에 대한 정보제공으로 물품 생산 및 유통의 투명성과 신뢰성을 바탕으로 제공됩니다.

Q 외국인이나 해외 거주자도 구매가 가능한가요?

A 회원의 자격은 국내·외 거주자 모두 다 가능합니다.

회원제공동체 (주)나눔과기쁨이 당신의 꿈을 열어드
립니다

우리는 일에서 행복을 찾고 삶의 보람을 찾는다. 또
사람들과의 나눔을 통해 진정한 가치를 발견하게 된다.

경제생활을 통해 얻고자 하는 것이 무엇이냐는 질문
에, 그 궁극적인 목표로 봉사활동과 기부를 꼽는 사람들
이 많다. 내가 세상에 태어나 누군가에게 도움이 되었다
면 그보다 더 보람 있는 일은 없을 것이다.

그러나 당장의 생활이 바빠 나눔을 실천하지 못하는

이들이 많다. 회원제 쇼핑몰 (주)나눔과기쁨은 매일 매일의 소비에서 수익을 얻고, 그중 일부는 사회에 환원하여 나눔을 실천하겠다는 목표를 가지고 시작되었다.

이는 지금껏 내가 해온 일을 기반으로 하여 좀 더 사회에 적극적으로 참여할 수 있는 하나의 방법이다. 경제 불황 속에서 리스크가 적은 안정적인 사업을 원하는 이들이 많다.

생활 속 작은 사업을 꾸리고 싶은 이들에게 소비 공동체는 작지만 큰 시작이 될 수 있다.

일을 통해 사회와 소통하고 싶은 꿈, 세상으로의 넓은 통로를 개척하고 싶은 꿈은 그리 먼 곳에만 있는 것이 아니다. (주)나눔과기쁨은 그런 꿈을 간직한 이들에게 작은 발판을 마련해주려 한다.

　소비 패턴의 변화는 시대의 흐름이다. 소비 공동체는 거대 기업 및 생산자들로부터 소비자의 권익을 지키는 것임은 물론, 어려워진 농가 및 중소기업을 살리는 일이기도 하다.

　합리적인 소비생활을 통해 공동의 선을 추구하고,

외롭게 생활하고 있는 이 땅의 많은 이들 사이에 따뜻한
교류가 이루어지길 바란다. 그것이 바로 우리의 나눔과
기쁨이 될 것이다.